Nº 1.

ÉTAT RÉEL

DE LA

QUESTION SUR LES SERVICES ADMINISTRATIFS

DE

L'ARMÉE D'ESPAGNE.

PARIS,

GUIRAUDET et GALLAY, Imprimeur et Libraire,

RUE SAINT-HONORÉ, Nº 515.

PONTHIEU, AU PALAIS ROYAL.

1825.

ÉTAT RÉEL

DE LA

QUESTION SUR LES SERVICES ADMINISTRATIFS
DE L'ARMÉE D'ESPAGNE.

Les comptes de l'armée d'Espagne ont donné lieu aux plus violens débats dans l'enceinte de la chambre élective.

Les moins clairvoyans ont pu remarquer qu'on en avait fait une affaire de personnes, et que les choses n'avaient été invoquées qu'autant qu'elles servaient à alimenter la querelle, et à dissimuler le véritable but de l'aggression.

On cherchait des coupables, et l'on supposait qu'il en existait d'un ordre plus relevé que ceux déjà placés sous les mains de la justice. En attaquant avec fureur les ministres, on les mettait dans une fausse position.

Où ils devaient décliner le soupçou et la culpabilité, en fortifiant les inductions hasardées par leurs adversaires; ou, se retranchant dans une défense morale, et ne préjugeant rien sur les décisions de la justice, ils laissaient un libre cours aux préventions que l'on créait contre eux.

La conduite des ministres a répondu à la dignité de leur caractère. Des faits énoncés avec une noble simplicité ont porté la conviction dans les esprits impartiaux, et la loi des comptes a passé à une imposante majorité.

Battus sur ce point capital, leurs ennemis ont présenté, comme un dédommagement de cette défaite, l'adoption de l'amendement *Beaumont.*

Quel est donc l'objet de cet amendement ? La reproduction dans la session de 1826, et après que l'arrêt de la Cour royale aura été rendu, des comptes de l'armée d'Espagne.

Où est le danger, pour les ministres, dans cette représentation ? Quel peut être son effet dans tous les cas probables ?

La Cour royale peut trouver des coupables et les livrer à la sévérité des lois, sans qu'il y ait connexion aucune entre ce résultat de son intervention et la circonstance des comptes à reproduire.

Ces comptes se forment des sommes déjà dépensées. Elles ne s'élèvent qu'aux onze douzièmes du total des marchés Ouvrard, que le Trésor a dû payer par anticipation, de mois en mois, aux termes de ses traités, revêtus d'une auguste et inattaquable sanction.

On n'y voit point figurer le dernier douzième,

dont le maintien en caisse était stipulé dans ces mêmes traités.

Que Ouvrard ait fait un mauvais emploi de ce qu'il a reçu, que de honteuses connivences l'aient secondé, le fait est possible ; mais le respect dû à la justice exige qu'on attende son arrêt. De quelque nature qu'il soit, quelle influence peut-il avoir sur les fonds légalement dépensés ?

Les ministres reparaîtront à la tribune en 1826, et, en rapportant les pièces, ils diront : 55 millions ont été versés dans les mains du munitionnaire général, ainsi qu'on s'y était obligé en traitant avec lui. La Cour royale a découvert des malversations. Les concussionnaires sont frappés par ses arrêts, et l'État exerce ses reprises sur leurs biens.

Tel est le point extrême où cette affaire peut être poussée. Encore une fois, quel rapport aura-t-elle avec des dépenses effectuées et qu'il n'était point au pouvoir du gouvernement de différer ?

Ceux qui se réjouissent avec tant d'éclat des conséquences présumées de l'amendement qu'on leur a abandonné de guerre lasse se sont laissés éblouir sur leur étendue. Quel *désappointement* quand l'illusion sera dissipée !

Mais la grande irritation ne s'est point arrêtée au mode d'exécution des marchés : on en a aussi attaqué la nécessité.

Elle semble assez justifiée d'abord par l'état réel des approvisionnemens au 6 avril, veille du passage de la Bidassoa ; et, en second lieu, par le système de guerre que le prince généralissime venait d'adopter.

L'effectif des magasins était loin d'être, à cette époque, au niveau auquel la prévision du ministre de la guerre avait voulu le porter.

On en a donné les raisons. Beaucoup d'objets transportés par mer, des contrées du nord, n'étaient point arrivés. D'autres étaient en souffrance par des causes secondaires. Le ministre est personnellement justifié par les mesures qu'il avait prescrites.

Mais il est une raison que l'on n'a point fait valoir, parce qu'il est des convenances que l'autorité ne doit point franchir ; et, parmi les communications que peuvent demander les chambres, il y a quelquefois des réserves commandées par un sentiment élevé et hors de l'atteinte de la critique.

La même retenue n'est point obligatoire pour un particulier dont les écrits n'ont aucun caractère officiel, car chaque lecteur reste libre d'en prendre ou d'en rejeter ce que bon lui semble.

D'après ce principe, il est permis de rappeler la position où se trouvait la France, vis-à-vis de l'Angleterre, à l'époque où se faisaient les apprêts de la guerre d'Espagne.

Le cabinet britannique demandait des explications, et, sans se déclarer positivement en faveur des cortès, semblait, par son attitude et par ses discours, vouloir se réserver la faculté d'intervenir, si sa politique le lui conseillait.

Le Gouvernement du roi, ayant pris fermement sa résolution, ne se laissait point détourner de ses préparatifs par cette considération. Mais, comme la confiance dans la justice de sa cause et dans ses moyens, n'exclut jamais le secours de la politique, il est naturel que dans la vue d'endormir l'ennemi et de déjouer les calculs d'un ami douteux, il ait jugé convenable de dissimuler une partie de ses dispositions pour la guerre.

Cette sage circonspection n'expliquerait-elle point aussi la lenteur de la réunion des approvisionnemens ?

Le système de guerre adopté par le généralissime vient bien mieux encore au secours de la nécessité du marché du 5 avril.

Supposons les ressources au grand complet, les attelages en nombre suffisant, et tous les services entièrement organisés. Avec une sem-

blable réunion de moyens, on conçoit les be-
soins de l'armée assurés et complétement satis-
faits jusqu'à l'Ebre.

Que les troupes séjournent sur les bords de
ce fleuve et qu'elles se bornent à couvrir les
siéges qui se feront sur leurs derrières, les plus
grands éloges sont acquis à la prévoyance qui
a pourvu à tout.

Mais portez rapidement l'armée à Madrid,
et de là à Cadix, comme l'a fait son illustre
chef, et, à mesure qu'elle avancera, jetez de
gros détachemens dans toutes les directions,
sur l'immense territoire qui se développe devant elle : que deviennent vos énormes magasins de la 11e division militaire ?

Ils attendront en vain une retraite derrière
l'Ebre, ou la formation d'une armée de ré-
serve, que les sages combinaisons du chef et
la valeur de ses soldats, ont rendu inutile.

Si on ne trouve pas dans ces faits authenti-
ques une preuve suffisante de la nécessité des
marchés du 5 avril, il faut s'en prendre à la
victoire, qui a dissipé une partie de cette nécessité, que des défaites essuyées par les troupes
françaises ou une lutte prolongée de la part
de l'ennemi eût beaucoup mieux démontrée.

Il est encore un point sur lequel la critique
s'est exercée.

On a dit que les prix accordés au munition-naire général étaient trop élevés , quoiqu'il ait été démontré qu'ils sont inférieurs à ceux des traités faits par l'administration des subsistances dans l'intérieur. Eussent-ils paru trop élevés, si un séjour prolongé sur le même point eût amené un renchérissement qu'il est impossible d'évaluer ?

Une considération puissante aurait du prévenir l'acharnement avec lequel les opérations administratives de cette campagne ont été attaquées.

On a beaucoup dépensé, c'est incontestable. Mais que l'on cite une guerre dans laquelle le soldat ait été mieux soigné et mieux pourvu de tout, dans laquelle les ravages des hôpitaux aient été moins funestes !

Peut-on mettre quelques millions en parallèle avec la conservation d'un grand nombre d'hommes, l'acquisition d'une discipline aussi parfaite, et une suite de succès qui n'ont rien coûté aux vaincus et ont réconcilié la France avec une nation imbue des plus fàcheuses préventions contre elle ?

Tout concourt à prouver l'injustice de la lutte immodérée que le Gouvernementa eue à soutenir dans la question des services administratifs de l'armée d'Espagne.

La gloire acquise par l'armée française, la magnanimité de caractère déployée par son auguste chef, et les résultats inespérés de la première guerre entreprise depuis la restauration, devaient servir d'égide à tout ce qui a concouru à ce brillant épisode de notre régénération politique.

Faut-il que l'esprit de parti vienne envenimer la satisfaction que les succès obtenus dans la Péninsule avaient répandue dans toute la France !........

FIN.

Imprimerie de GUIRAUDET, rue Saint-Honoré, n° 315.

N.º 2.

LA LOI

sur

LA DETTE PUBLIQUE,

MISE A LA PORTÉE

DES PLUS PETITS RENTIERS.

PARIS,

GUIRAUDET ET GALLAY, IMPRIMEUR ET LIBRAIRE,
RUE SAINT-HONORÉ, N.º 315;

PONTHIEU, AU PALAIS ROYAL.

1825

Imprimerie de GUIRAUDET, rue Saint-Honoré, n° 315.

LA LOI

sur

LA DETTE PUBLIQUE,

MISE A LA PORTÉE

DES PLUS PETITS RENTIERS.

———

Je suis encore à comprendre, disait un rentier à un honnête négociant retiré des affaires, l'effet des chances offertes par la loi sur la dette publique, entre lesquelles le Gouvernement m'a laissé un choix à faire. Quel guide puis-je suivre pour ne point m'égarer dans une disposition à laquelle se rattache mon avenir, et cependant ne point laisser écouler les délais qui me sont accordés pour faire une option ?

Votre raison, lui répondit l'honnête négociant; ne consultez que votre raison, mon cher monsieur.

Lisez le texte de la loi : les dispositions en sont claires et précises. Les développemens dont les orateurs du Gouvernement ont accompagné ce texte en ont mis à découvert l'esprit, le mécanisme et le but, en même temps qu'ils dissipaient les ténèbres dont certains docteurs financiers s'efforçaient de l'environner.

Mais on m'a dit, reprit le rentier, que c'était une opération *à la Terray*, qu'elle avait même un caractère plus destructif du crédit public : car, en outre de la spoliation qu'elle exerçait sur la classe à laquelle j'appartiens, son résultat devait de plus augmenter de deux milliards la dette inscrite. On m'a même prouvé qu'elle ne dépouillait les rentiers que pour fournir un dédommagement aux émigrés. Vous concevez qu'au milieu de tant de sujets d'alarmes, la question que j'ai adressée à votre expérience est assez légitime.

Je vois, mon cher monsieur, par les craintes que vous m'exprimez, combien était imminent le danger qui s'est manifesté avant même l'ouverture des débats sur la loi relative à la dette publique, lorsqu'une opposition furieuse s'est emparée de ce moyen de jeter le trouble dans la portion de la société la plus facile à intimider.

Depuis que cette mesure a été soumise à la discussion législative, ce danger s'est accru, parce que l'amour-propre de l'opposition, froissé par plusieurs défaites successives, n'a pu que s'irriter davantage. De là l'aigreur, les fausses assertions et les conséquences erronées qui ont composé l'ensemble de ses débats et de ses écrits. Comment un si grand nombre de rentiers, accoutumés à ne juger leur position que par l'exactitude du paiement des sémestres, et à demeurer étrangers à toute autre combinaison politique, auraient-ils pu se défendre des terreurs dont on les a assaillis lorsqu'ils ont entendu prononcer le mot de réduction?

Revenez de votre erreur, mon cher monsieur, et jugez mieux des intentions du Gouvernement. Pour vous les faire apprécier en même temps que je désire vous éclairer sur votre avenir, donnez, je vous prie, quelque attention aux détails dans lesquels je vais entrer.

La mauvaise foi a pu seule chercher à dénaturer l'esprit, le mécanisme et le but de la loi sur la dette publique.

L'esprit de cette loi a été de faire sortir nos finances d'une routine qui paralysait les ressources du royaume.

Le système suivi depuis la restauration a produit tous les résultats qu'on en avait espérés. Nos pertes ont été réparées; les engagemens nés de deux invasions ont été remplis; le crédit public a atteint son apogée naturel, le pair du capital de la dette.

Ces résultats étaient tout ce qu'on pouvait demander à l'époque d'où nous sortons. Ils sont insuffisans dans notre nouvelle attitude.

La France a repris son rang en Europe. Elle doit songer désormais à ouvrir un champ plus vaste à son agriculture, à son industrie, à son commerce. Ce but ne peut être atteint que par le concours des capitaux des particuliers au nouvel essor que doivent prendre ces diverses branches de l'économie politique.

C'est par cette nécessité que se révèle l'esprit de la loi.

Avant de vous occuper de son mécanisme, je dois vous dire quel est son but. Vous avez déjà pu l'entrevoir.

Si des dispositions nouvelles ne venaient point seconder la nécessité que je vous ai fait remarquer, ne convenez-vous point que personne ne songerait à abandonner un placement aussi commode qu'une inscription sur le grand-livre, et que tous les nouveaux capitaux disponibles viendraient également s'y engloutir ? Dans cet état de choses, où l'agriculture, l'industrie et le commerce trouveraient-ils ces secours qu'ils réclament, et dont la privation paralyse leur développement ?

La France se verrait condamnée à une stagnation honteuse contre laquelle on s'élève de toutes parts, et que sa position, la richesse de son sol, l'intelligence et le nombre de ses habitans repoussent également.

Elle serait comparable à Genève, que les limites d'un exigu territoire condamnent à faire consister sa richesse dans l'accumulation de ses capitaux par l'économie et des placemens successifs.

Vous avouerez que ce ne sont point là les destinées promises par la nature à notre belle patrie.

Le but de la loi est de faire marcher la France vers ces destinées, en forçant une partie des capitaux stationnaires sur le grand-livre à se porter au secours de toutes les branches en souffrance.

Les graves docteurs qui ont exercé une influence si funeste sur la raison et les dispositions des rentiers ne vous avoueront point ces vérités, qu'ils ont pourtant bien saisies. Ils seront les premiers à s'écrier que le Gouvernement néglige les trois principales branches de la prospérité publique, objet spécial de la mesure de réduction; et, par une inconséquence qui n'appartient qu'à une mauvaise cause, ils rugiront et crieront à la trahison quand on se mettra en mesure de remplir leurs vœux hypocrites.

Ces premières données nous conduisent à examiner le mécanisme de la nouvelle loi. Il est fort simple , comme vous allez en juger ; il est légal, car tout y est facultatif.

Trois positions sont laissées à votre choix. Vous pouvez adopter celle qui s'accordera le mieux avec vos habitudes et vos affections.

Un principe fondamental a été reconnu ; il n'était point contestable. Le Gouvernement a le droit, comme tout particulier , de rembourser ses dettes au pair.

En partant de cette donnée, le Gouvernement vous dit : Le rentier est libre de conserver ses 5 pour 100 aussi long-temps qu'il ne me conviendra point de le rembourser au pair. Cependant, pour éloigner toute déception , je m'engage à n'user de mon droit que dans dix-huit mois , et même je me soumets à m'y faire autoriser par une loi.

J'offre à ceux des rentiers qui craignent l'exercice de ce droit de convertir leurs 5 pour 100 en quatre et demi ; et, dans cette nouvelle position , je leur garantis une jouissance de dix ans , pendant laquelle je m'interdis la faculté de les rembourser au pair.

J'offre enfin des 3 pour 100 , au capital de 75 , à tous ceux qui consentiront immédiatement la conversion. Ceux-ci auront un avan-

tage certain dans la perspective de l'accroisse-
ment indéfini de leur capital.

L'amortissement ne devant plus , à dater de
la promulgation de la loi , agir sur les fonds
dont le cours sera au-dessus du pair, il se por-
tera nécessairement sur les 3 pour 100, et réa-
lisera ainsi la perspective de l'élévation conti-
nuelle de leur cours.

D'après cet exposé , rien ne doit plus vous
empêcher de faire votre choix avec le seul ap-
pui de votre raison.

Tenez-vous à ne rien changer de vos habitudes , gardez vos 5 pour 100. Il est vraisemblable que de très-long-temps encore on ne
sera point en mesure de vous en rendre le capital , et , dans tous les cas possibles , vous êtes
sûr de le recevoir intégralement.

Préférez-vous acquérir une certitude de dix
ans de jouissance , sans avoir l'embarras de
chercher pendant ce laps de temps un nouveau
mode de placement, faites le léger sacrifice
d'un demi pour cent, et acceptez du quatre et
demi.

Voulez-vous courir des chances que toutes
les probabilités et le secours de l'amortissement vous présentent comme favorables , con-
sentez à la réduction à 3 pour 100.

Vous voyez que tout est prévu par cette loi,

et qu'elle offre des conditions pour toutes les positions où elle trouve les rentiers.

Nul ne peut dire qu'on contraigne sa volonté et qu'on le violente dans ses intérêts ; chacun est libre de ne prendre conseil que de sa situation personnelle, et de préférer dans les catégories de la loi celle qui s'accorde le mieux avec son attitude particulière.

Il faut donc convenir, malgré les assertions des adversaires, que loi sur la dette publique est conçue dans l'intérêt combiné des capitalistes et de toutes les branches de l'économie politique qui appellent leur secours.

Les avantages de l'Etat ont-ils été négligés dans cette haute conception ? L'opposition n'a rien épagné pour le faire penser. Mais ici encore ses efforts ont été impuissans.

Il est reconnu que l'Angleterre doit la facilité, qu'elle rencontre dans ses mouvemens de finance à l'existence de plusieurs degrés d'intérêt dans sa dette publique. La même cause doit produire le même effet quand elle sera introduite parmi nous. On doit donc s'attendre à ce que le Gouvernement trouvera, à l'avenir, à emprunter à un taux moins élevé que celui de 5 pour cent, adopté pour base jusqu'à ce jour.

L'assertion avancée par l'opposition, que la loi de réduction avait été imaginée dans l'intention de faire indemniser les émigrés par les rentiers, n'est point soutenable.

Cette loi a effectivement offert le moyen de l'indemnité : sans elle, il était difficile d'y parvenir, puisque le Roi avait interdit toute augmentation d'impôts ayant cet objet, et que la justice s'opposait à ce qu'on y pourvût par une distraction de la caisse d'amortissement.

Là seulement existe le point de contact entre les deux mesures; mais il n'y avait point union nécessaire. L'indemnité, à la vérité, ne pouvait s'effectuer sans l'auxiliaire de la loi de réduction; celle-ci, au contraire, se fût bien passée de l'obligation de favoriser l'indemnité.

Vous devez être convaincu, par les détails dans lesquels je viens d'entrer que le nouveau système de finance créé par le projet ministériel, devenu loi de lE'tat, doit être fécond en résultats précieux pour l'avenir de la France, et qu'il n'affecte en aucune manière les intérêts individuels contre lesquels on le disait dirigé.

Ayez donc, mon cher monsieur, plus de confiance dans le Gouvernement, et moins de facilité à écouter ses détracteurs. S'ils réussissaient dans leurs projets, et qu'ils parvinssent au pouvoir, vous seriez tout étonné de les voir, dès le lendemain de leur élévation, en proie aux mêmes attaques. C'est le sort réservé à tout homme en place par ceux qui aspirent à le remplacer.

POST-SCRIPTUM.

Le présent écrit était terminé avant que le cours légal des 3 pour 100 fût ouvert à la Bourse, par l'avis que l'amortissement, conformément à la loi, allait opérer sur cette nature de fonds.

Il était facile de prévoir, et on l'avait annoncé dans un article refusé par le *Pilote,* il y a une quinzaine de jours, que les premiers cours du 3 pour 100 tromperaient l'attente générale.

Comment en effet ne point apercevoir deux motifs d'incertitude communs aux spéculateurs et aux rentiers ?

Les premiers pouvaient-ils se livrer aveuglément à des opérations privées de données, jusqu'à ce que ces valeurs eussent été fixées ? Les seconds oseraient-ils faire un choix entre les chances offertes par la loi, avant qu'elles fussent devenues familières à leur intelligence ?

Mais les banquiers, possesseurs de si grosses masses de rentes, ne devaient-ils pas s'empresser de se soulager en se précipitant sur cette nouvelle classe d'inscription au grand-livre ?

C'est vous, frondeurs, qui l'aviez imaginé,

qui l'aviez annoncé, qui l'aviez donné pour certain ; et par ces suppositions téméraires vous avez ajouté un nouveau motif d'incertitude à ceux qui devaient retenir les capitalistes.

Leur opinion, faussée par vos réflexions, flotte aujourd'hui dans un vague dont ils ne peuvent se rendre raison.

Les banquiers ne se présentent point, et il est prouvé que le trésor ne leur jette pas de millions à la tête, ainsi que le *Journal des Débats* l'a prétendu. C'est donc une nécessité de conclure qu'ils ne sont point aussi embarassés de leur 5 pour 100 qu'on s'était plu à le publier.

Mais le coup a été porté auprès des capitalistes, et un si court délai n'a pu suffire pour dissiper leurs doutes.

Ces prophéties imprudentes et fallacieuses de l'opposition seront-elles les dernières dans le même but, celui d'attaquer et d'affaiblir le crédit public ? On n'ose s'en flatter.

On voit en effet *la Quotidienne* et *le Courrier français* persister dans leur système de dénigration.

Le *Constitutionnel* ne se borne point là. Il appelle un auxiliaire étranger, le *Globe and traveller*, journal de l'opposition anglaise, lequel annonce l'existence d'une ligue en Angleterre pour empêcher le succès d'une réduction dans l'intérêt de la dette française.

Et cependant on lit dans ces mêmes journaux des faits et des observations qui justifieraient, s'il était nécessaire, le plan ministériel.

L'un, parlant des exportations de numéraire faites par les ports de l'Angleterre, fait remarquer que la France a reçu pour sa part 907,048 onces d'or et 4,083,978 onces d'argent.

Un pays qui fait de si prodigieux versemens effectifs sur un autre n'annonce pas beaucoup de défiance sur l'état des finances de celui-ci.

Voyez si l'Espagne entre pour beaucoup dans cette répartition du numéraire de l'Angleterre.

Un autre journal du même bord fait la remarque très-judicieuse qu'avec l'activité de l'industrie, et surtout l'empressement que l'on met de tous côtés à l'exploitation des mines du Nouveau-Monde, il arrivera nécessairement que les capitaux stationnaires diminueront de valeur dans les mains de leurs possesseurs.

Cela seul suffirait pour légitimer la nouvelle loi sur la dette publique, dont l'objet a été et dont le résultat sera de mettre en mouvement une grande masse de capitaux destinés à végéter et à s'appauvrir par l'ancien système.

Que faut-il accuser, de l'ignorance ou de la mauvaise foi des frondeurs qui repoussent et condamnent d'une main la prévision du Gouvernement, et de l'autre la justifient par des faits et des argumens que ses partisans seraient heureux d'avoir trouvés.

Il est possible, il est même vraisemblable que l'étourdissement des capitalistes dure encore quelques jours, et que le cours des 3 pour 100 s'en ressente; mais laissons faire l'amortissement. Il possède un de ces argumens irrésistible auquel l'intérêt privé finit toujours par céder.

FIN.